AF309143

ESSAIS

SUR L'ŒUVRE

HERMÉTIQUE;

Par un Amateur de cet Art.

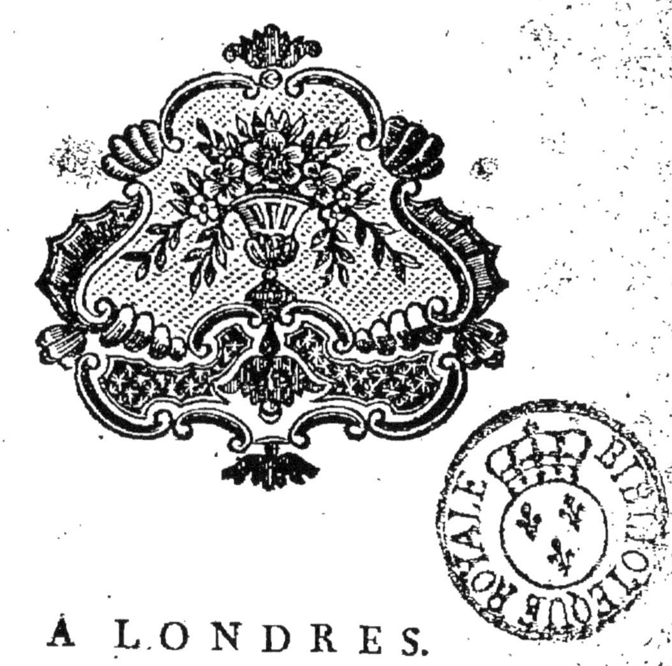

A LONDRES.

____

M. DCC. LXI.

ESSAIS

SUR

L'ŒUVRE HERMÉTIQUE.

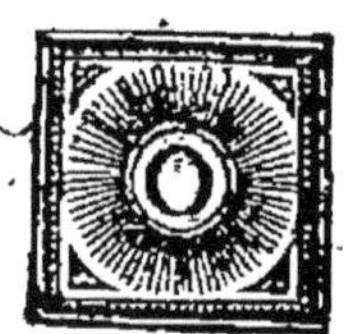

VÉRITÉ, Vierge sacrée !

Vierge digne de mon encens,

Descends de la voûte azurée !

Viens, inspire moi tes accens !

Prête-moi ton divin langage,

Ce simple & sublime partage,

De tes fortunés Favoris !

Ma voix te consacre ses rimes,

Hommages, tributs légitimes

D'un cœur de tes charmes épris.

A ij

Fuyés, ô Critiques prophânes !
Efprits de nos fecrets jaloux !
Mes Vers choqueront vos orgânes,
Ils ne font point écrits pour vous :
Mortels que le libertinage,
Que l'avarice au front fauvage,
Couvrent de leur fatal bandeau ;
Vous n'y verrés qu'ombre & nuage,
Quand les yeux pénétrans d'un Sage,
Y verront briller un flambeau.

Mais quel éblouiffant Spectacle,
Charme mes regards étonnés !
Oui ; je vois de près le miracle,
Des Aftres aux Cieux enchaînés !
Quelle immenfe & vafte carrière !
Quels feux ! quels globes de lumiere !

Quels prompts & justes mouvemens !

Quelle noble & belle harmonie !

Tout dans cette voûte infinie,

Offre azur, or, & diamants.

Je vous vois source précieuse !

Sel, baume, ame de l'Univers,

Par une influence amoureuse,

Verser vos thrésors dans les airs ;

Par cette féconde rosée,

Constament la terre arrosée,

Nous les prodigue par ses dons.

Quelle attentive main vous guide ?

Sages ! Peuples ! le Ciel préside,

A vos mutuelles moissons.

Grand Dieu, pardonne à ma foiblesse !

Que ne puis-je aller jusqu'à toi !

A iij

Je suivrois le feu qui me presse,

Mais je l'amortis malgré moi ;

Pourrois-je peindre ton Essence ?

Le Thrône où s'assied ta puissance ?

Son éclat & ta majesté ?

Non ; puisque pour tes Anges mêmes,

Ce sont des mysteres suprêmes,

De toute ineffabilité.

Mon esprit marchant sur leurs traces,

T'adore en silence comme eux :

Comme eux éclairé de tes graces,

Il voit ce tableau merveilleux :

Je porte un coup d'œil moins sublime,

Je descends, & dans nôtre abîme,

Mes yeux tâchent de pénétrer ;

Par-tout j'appetçois ta sagesse,

Tes loix, ta grandeur, ta tendresse,

Qu'il est beau de les célébrer !

Parmi tant de bontés immenses,

Si dignes de tout notre amour,

Qu'en trop bon Pere tu dispenses,

A d'ingrats Enfans chaque jour.

Sur une seule & peu vulgaire,

Puisqu'on la traite de chimere,

Je m'arrête & borne mes sons.

C'est le véritable Art des Sages,

Les divins secrets que les Mages,

Ont voilés de tant de façons.

❦

O vous, nos Peres & nos guides,

Hermés, Géber, Artéphius!

Animés mes accens timides,

Par vous-mêmes qu'ils soient conçus!

Venés, Flamel, venés Basile,

Philalethe, Arnaud, Poliphile;

A iv

Sages, venés tous à la fois !

Inſpirés-moi vôtre langage,

Que la vérité m'encourage,

Et parle avec vous par ma voix.

Faites-moi tracer les merveilles,

Que l'Art vous a fait opérer !

Mais ſachons, ſelon les oreilles,

Ou les taire ou les déclarer :

Quoique je les couvre d'un voile,

Du matin la brillante étoile,

En inſtruit l'homme intelligent :

Elle a le blond Phœbus pour frere,

C'eſt ſon époux, elle eſt ſa mere,

Chez elle on le trouve naiſſant.

Quiconque ne ſçait pas connoître,

Ni ce Frere, ni cette Sœur,

Ne pourra jamais faire naître,

L'enfant que desire son cœur :

C'est par leur nécessaire inceste,

Qu'il se forme & se manifeste :

Par eux seuls il reçoit le jour ;

Leur union, leur mariage,

A son terme donnent au Sage,

Ce fruit chéri de leur amour.

Pour qui de travaux profitables,

Prétend recueillir la moisson,

Ces nôces sont indispensables,

De Diane avec Apollon ;

Rendés Diane vive & belle,

Animés un feu qui chez elle,

Ne demande qu'à se montrer :

Qu'Apollon lui-même en son ame,

Allume la céleste flâme,

Qu'il mérite de rencontrer.

Ce n'est pas de la nuit obscure

Qu'on doit attendre la clarté :

Songés bien qu'une mere impure

N'enfante pas la pureté :

Du moindre vice hétérogêne ,

Purgés la liquide fontaine

Où vous devés baigner le Roi.

Qu'un travail , j'ose dire insigne ,

La rende claire , propre , & digne

De remplir un si grand emploi.

Elle abonde d'un phlegme humide ,

Que l'Art sçait aisément purger ;

Du froid qui chez elle réside ,

Il doit aussi la corriger :

J'en viens d'indiquer la pratique ;

Avec ce secours magnétique ,

Le Soleil s'y voit rajeunir ;
Il y meurt, renaît de sa cendre,
Et par l'éclat qu'il vient d'y prendre,
Les lépreux peuvent se guérir.

❊

Avant que de cueillir la rose,
Mille épines piquent la main ;
Jusqu'à ce qu'elle soit éclose,
Elle craint tout du Dieu Vulcain !
C'est un Tyran, un Fratricide,
Qui de Minerve sans l'Egide,
Perd tout par ses embrâsemens :
Mais qui conduit avec prudence,
Du Roi procurant la naissance,
L'élève à ses destins brillans.

❊

Les aimables filles de Flore,
Doivent leur naissance au Soleil :

Les humides pleurs de l'Aurore

Augmentent leur éclat vermeil :

Sur leur écorce frêle & tendre,

Si le Soleil venoit répandre,

Ses rayons les plus enflammés,

Dans la douleur la plus amère,

FLORE & PAN verroient en poussiere,

Leurs plus chers thrésors transformés.

Un de nos œuvres est semblable,

A ces produits du doux Printems ;

C'est une fleur inestimable,

Qui craint l'inclémence des tems :

Plus délicate même encore,

Trop de froid empêche d'éclore,

Notre poulet dans sa saison :

Trop de chaleur brûle son germe,

Et fait disparoître le terme,

Où veut courir un PHAÉTON.

Enfans de l'Art, selon l'ouvrage,
Le feu doit avoir ses dégrès :
Ils doivent du Roi selon l'age,
Etre de même administrès :
L'argent vif, joint à l'or vulgaire,
De la chaleur caniculaire,
Veut plus que les dégrès ardents ;
S'il est seul on prend pour modelle,
Ceux d'une chaleur naturelle,
Rendus sur la fin plus piquants.

❦

Vous devés voir chaque régime
Se succéder dans la cuisson ;
Par eux l'argent vif se sublime,
Et marche à sa perfection.
Envain la blancheur argentine,
Le citrin, la couleur sanguine,

Brilleroient en vôtre vaisseau :
Vous n'aurés qu'une vaîne cendre,
Si vous n'avés pas vû descendre,
Notre Roi dans son noir tombeau.

Ces couleurs que la pierre arbore,
Quoique preuves d'un bon succès,
Ne vous suffisent pas encore,
Il lui faut donner de l'ingrès :
C'est un vrai souffre incombustible,
Mais qui trop sec n'est point fusible,
Dans le feu, ni dans les liqueurs.
On l'imbibe, on le rend humide,
Afin que ce foudre fluide,
Porte par-tout ses coups vainqueurs.

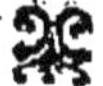

De la trop vive impatience,
Fuyés le brusque emportement !

Pour faire plus de diligence,

Ne vous hâtés que lentement :

Il faut aider à la nature,

La suivre avec poids & mesure,

La fomenter & l'exciter :

Elle chérit qui la caresse,

Et fuit loin de la main traîtresse,

Qui cherche à la violenter.

Assez d'Autheurs peuvent conduire,

L'artiste en sa projection ;

Tous les Livres sçavent instruire,

De la Multiplication.

Sur de plus réservés mysteres,

Pour y porter quelques lumieres,

Il me reste encore à parler :

D'une emblématique carriere,

J'entr'ouvre à peine la barriere,

Je n'en sçaurois plus dévoiler.

Les recherches des premiers Sages ,

Pour objet n'eurent jamais l'or :

Leurs soins, leurs veilles, leurs ouvrages,

Partoient d'un bien plus noble essor ;

Notre divine Panacée ,

Du ferment de l'or engrossée,

A produit l'or par accident ;

Elle opére sur tout de même,

Le diamant que l'on y séme ,

Fait moissonner le diamant.

❀

Cet effet qu'on croit impossible,

Et qui révolte tant d'esprits :

Les Sages l'ont rendu sensible,

En mille endroits de leurs Ecrits.

Qu'avec une ame réfléchie,

Et de préjugez affranchie,

                              L'on

L'on examine leurs difcours ;

On en fentira l'évidence,

Et plus juftes fur leur fçience,

On la refpectera toujours.

❋

Il eft certain que leur cabale,

Eft funefte à mille J A S O N S ;

Que par tout aux yeux elle étale,

Naufrages au lieu de T O I S O N S :

Leurs énigmes, leurs paraboles,

Sans A R I A D N E, fans Bouffoles,

Ne montrent qu'abîmes ouverts ;

Les divers noms de leur matiere,

Forment feuls une pépiniere,

D'écueils pires que ceux des mers.

❋

Mauvais Nochers ce font vos fautes

Qui vous perdent.... & non pas l'Art ;

B

Croyés-vous que les ARGONAUTES

Voguoient comme vous au hazard ?

Ils fçavoient trouver & connoître ,

Ce fimple , pur & premier être ,

Aiman , BAZE de tous les corps :

L'unir à fon or fympathique ,

Et par l'efprit philofophique ,

En former leurs riches thréfors.

❦

Vous qui fur la mer orageufe ,

Qui favorifa ces Héros ,

Voulés faire une courfe heureufe ,

Abordés d'abord à LEMNOS :

Puifés y nôtre faturnie ,

Nôtre AZOT , ou nôtre harmonie ,

Que vous marierés à CADMUS ;

Et le trident du Dieu Neptune ,

Agitant la Terre & la Lune ,

Fera foufler FAVONIUS.

❦

D'Hercule triomphant D'ANTHÉE,

Soyés parfait imitateur !

Dans ses travaux pour EURISTHÉE,

Soyés son digne successeur !

Au vrai limbe de la nature,

J'entends en sel, souffre, & Mercure,

Réduisés vôtre vil cahos ;

Rendés l'occulte manifeste,

L'esprit terre, le corps céleste

Et vous parviendrés à Colchos.

※

Que la terre mercurielle,

Vierge pure, & sans excrément,

Que cette divine CYBELE,

Vous serve donc de fondement :

Au sage soumise, & fidelle,

C'est une eau qui ne paroît telle,

Que quand il veut pour ſes deſſeins :

Elle eſt vive & vivifiante,

Elle eſt onctueuſe , & mouillante ,

Sans cependant mouiller les mains.

※

Par elle il faut rendre la vie ,

Aux métaux vulgaires & morts ,

Les ſouſtraire à la tyrannie ,

Où Vulcain enchaîne leurs corps.

C'eſt nôtre ALKAEST , nôtre eau forte ,

C'eſt la clef , la premiere porte

D'HYPÉRION & de THÉA :

C'eſt enfin nôtre mer ſalée ,

Tirant l'ame vitriolée ,

Que nous nommons ETHÉLIA.

※

Fils des ſages ſçachés encore ,

Un ſecret peu diſpendieux !

Faites qu'à nôtre eau s'incorpore,

Un feu salin, vif, & visqueux;

Broyés phisiquement la Lune,

Avec l'or, mais non la commune;

L'or s'y rend volatil d'abord,

Cuisés, imbibés vôtre ouvrage;

Et quatre ou cinq jours de voyage,

Vous auront conduit dans le port.

❦

O vous esprits forts, incrédules

Dont nôtre Art éprouve les traits!

Qui de chimeres ridicules,

Traités la pierre & ses effets!

Mille gens les ont vus en face:

Par quelle raison efficace,

En niés vous la vérité?

Songés-vous que vôtre imprudence,

D'un Dieu rétrécit la puissance,

Dont le bras est illimité.

❦

Pour décider , graves Arbitres ,

Sur un sujet aussi profond ,

Répondés-moi quels sont vos titres ?

Vous savés tout sans doute à fond !

Les Cieux , les Astres , la Lumiere ,

A votre constante paupiere ,

Soumettent leurs divins accords ;

Et la nature dévoilée ,

Vous a fait connoître d'emblée ,

Ses feux , ses agens , ses ressorts.

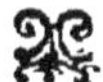

Dans les entrailles de la terre ,

Vous scrutés ses productions ,

Même jusque dans la miniere ,

Vous suivés ses affations :

Par la plus exacte analise ,

Votre habile main l'a surprise ,

Presqu'en travail, & sur le fait :

Vous avez sçû trouver ses spermes,

Recueillir ses précieux germes,

Et vous saisir de son secret.

❈

Vous connoissés la simpathie,

L'amour, les marches, & les pas ;

De ce céleste esprit de vie,

Qui féconde tout ici bas :

Attiré par l'ardeur brulante,

Que ressent pour lui son amante,

Vous le voyés la ranimer,

Par l'humidité bienfaisante,

Qui fait épanouir la plante,

Qu'en son sein il a fait germer.

❈

Nous que l'expérience éclaire,

Et qui dans la simplicité,

B iv

Exécutons ce grand myſtere,
Dont vôtre eſprit eſt révolté.
Nous ne croyons rien d'impoſſible,
A cet être incompréhenſible,
Qui par un ſeul mot a tout fait.
Il eſt notre guide adorable,
Et ſon ouvrage incomparable,
Eſt notre modelle parfait.

❧

Pour lui faire prendre une forme,
De rien il a fait le cahos :
Comme lui d'une maſſe informe,
Nous ſéparons d'abord les eaux.
Nous tirons de la terre obſcure,
La lumiere vivante, & pure,
Qui doit luire à nôtre univers,
Et de la tête morte, aride,
Les eaux pompent un ſel acide,
Baze de nos ſecrets divers.

❧

De ces trois substances unies ,

Le feu nous forme un corps nouveau,

Par ses qualités infinies ,

Rival de l'astre le plus beau,

Des influences supérieures ,

Et des vertus inférieures ,

C'est un assemblage épuré.

C'est enfin comme un rayon même

De la divinité suprême ,

Par la nature digéré.

❀

Faut-il s'étonner des miracles ,

Qu'il opére , après ce tableau ?

Est-il des ombres , des obstacles ,

Que ne chasse pas ce flambeau ?

Il purge de toute souillure ,

Les trois regnes de la nature,

Il y met ses perfections :

Aux mourants même rendant l'ame ,

Il calme, échauffe, mouille , enflamme ,

Par les mêmes impressions.

❀

Je furprendois bien plus fans doute,
Si ne bornant pas mon effor,
J'allois jufqu'au bout de la route,
Que je métois prefcrit d'abord :
Combien d'effets plus incroyables,
Sur fes vertus inexprimables,
N'aurois-je pas à raconter !
Un jour j'en dirai d'avantage,
Je limite ici cet Ouvrage,
Lecteur, tâchés d'en profiter !

✓

Je vois d'un œil philofophique,
Ce qu'on dira fur ces Effais ;
Ni l'éloge, ni la critique,
Chez moi n'auront aucun accès.
J'écris avec indifférence,
Pour les enfans de la fçience :
Si quelques uns dans l'art verfés,
De mes Vers percent les nuages,
J'en ai dit affez pour ces Sages,
Et trop peu pour les infenfés.

Les noms de l'Auteur font en Latin dans cette
Anagramme.

Aurum Claudit in finu Salfo : C :

ESSAIS

SUR

LA CRÉATION DU MONDE.

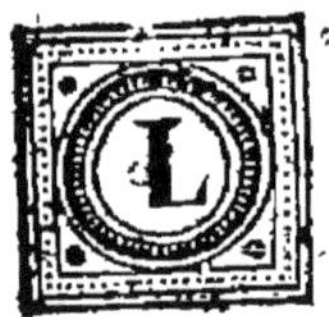

'ORDRE qui regne dans le
monde,
Prouve à l'homme un Dieu
créateur :

Au Ciel, sur la Terre & dans l'Onde,

Tout fait admirer son Autheur.

Taisez-vous, révoltans problêmes !

Sur la matiere, affreux systêmes !

Athéïsme ! incrédulité !

Vos erreurs, hélas ! trop palpables !

Sont des ténébres déplorables,

Dont se pare l'humanité.

Heureux le cœur simple & fidele,
Que la main de la foi conduit :
Le jour à ses yeux étincelle,
Quand l'orgueil marche dans la nuit.
Ainsi qu'un aigle téméraire,
Il pense planer dans la Sphére,
De l'astre le plus radieux,
Il tombe, sa chûte est terrible ;
Mais l'esprit du sage paisible,
Vole avec la foi dans les cieux.

A côté de l'Eternel même,
Son œil humble & reconnoissant
Admire à son ordre suprême
L'univers sortir du néant.
Dieu parle : le cahos se forme
Il veut ; & cette masse informe

Obéit, s'arrange, produit;
Le Soleil éclaire la Terre
L'Onde en des bornes se resserre
La Terre offre par-tout du fruit.

Des animaux de toute espéce,
Sur qui devoit regner un jour,
Le chef-d'œuvre de sa sagesse,
Reçoivent l'être en ce séjour:
Content de son parfait ouvrage,
Dieu forme l'homme à son image;
Il lui soufle son propre esprit;
Adam s'anime, vit, respire;
Tout ce qu'il voit est un empire,
Qu'à lui seul Dieu même asservit.

Plein d'amour pour sa créature,
L'Eternel prévoit ses desirs:

Il lui forme une épouse pure,

Pour enchanter tous ses loisirs :

Du flanc d'Adam même il la tire,

Un sommeil vient de la produire,

Pour l'époux quel reveil flatteur !

Il la voit, il l'admire, il l'aime,

Eve sensible en fait de même,

Le comble est mis à leur bonheur.

❀

Que ne puis-je sur ce spectacle

Fixer les yeux incessament !

L'enfer jaloux y met obstacle,

Il en détruit l'éclat charmant.

Il tente Eve, Eve foîble tombe,

Par Eve, hélas ! Adam succombe,

Dieu voit ses ordres transgressés,

Sa justice en tire vengeance.

De ces lieux qu'orne sa présence,

Les deux criminels sont chassés.

❀

Si par sa défobéiffance,
Il n'eut pas choqué l'Eternel,
S'il eut gardé fon innocence,
L'homme devoit être immortel :
Il commandoit à la nature,
Dieu de ce droit vient de l'exclure ;
Son crime arme tout contre lui.
Les Elémens lui font la guerre,
De la mort il eft tributaire,
Il ne lui refte plus d'appui.

❊

La Terre cy-devant fertile,
Sans culture offroit fes thréfors.
Mais fon fein à préfent ftérile,
Ne produit qu'après mille eflorts.
Un germe mortel empoifonne,
Ou corrompt les fruits qu'elle donne ;
Il altére nos alimens.
Et dans les canaux de la vie,
Avec elle, il filtre, il charie,
Du trépas les principes lents.

❊

Notre espece se multiplie ;
Au milieu de tous ses malheurs ;
D'un pas égal la maladie
Fait sentir ses fléaux vengeurs :
Contr'eux Adam cherche un remede ;
Les connoissances qu'il posséde,
Le lui font trouver aisément :
Avec ce secours infaillible ,
Le mal perd son pouvoir nuisible ;
On chasse au loin le monument.

Cette époque fut l'origine ;
Les premiers & les seuls objets ;
Auxquels on doit la medecine
Universelle en ses effets :
Victimes d'un cruel nauffrage ;
C'est une planche après l'orage ;
Que Dieu n'accorde qu'aux Elus :
Elle revolte le vulgaire ,
Mais ceux qui l'appellent chimere ,
Voudroient en palper les vertus.

F I N.

www.ingramcontent.com/pod-product-compliance
Ingram Content Group UK Ltd.
Pitfield, Milton Keynes, MK11 3LW, UK
UKHW021655090726
13657UKWH00004B/1981